海上丝路的千年"船"说
航海历史文化儿童百科绘本
牵星过洋记

上海中国航海博物馆
主编

童趣出版有限公司编　　人民邮电出版社出版
北　京

图书在版编目（CIP）数据

牵星过洋记 / 上海中国航海博物馆主编 ；童趣出版有限公司编. -- 北京 ：人民邮电出版社，2025.
(海上丝路的千年"船"说 ：航海历史文化儿童百科绘本). -- ISBN 978-7-115-67644-3

Ⅰ．U675-092

中国国家版本馆 CIP 数据核字第 2025VF0878 号

主　　编：上海中国航海博物馆
责任编辑：任立新
执行编辑：胡　慧
责任印制：邵　超
封面设计：韩木华
排版制作：北京启智航远文化有限公司

编　　　：童趣出版有限公司
出　　版：人民邮电出版社
地　　址：北京市丰台区成寿寺路 11 号邮电出版大厦（100164）
网　　址：www.childrenfun.com.cn

读者热线：010-81054177　　　经销电话：010-81054120

印　　刷：优奇仕印刷河北有限公司
开　　本：787×1092　1/12
印　　张：3.7
字　　数：70 千字

版　　次：2025 年 7 月第 1 版　2025 年 7 月第 1 次印刷
书　　号：ISBN 978-7-115-67644-3
定　　价：48.00 元

编委会

顾 问: 高蒙河

主 任: 赵 峰

副主任: 丛建国 王 煜 陆 伟 傅 晓

编 委: 曾凌颂 亓玉国 沈 强 黄乾蔚

撰 写: 於燕燕 周 淑 周 甜 王灵林 陈雪冰

　　　 宋 凯 潘冬燕 刘丹丹 杨 扬 肖 杰

　　　 陆佳宇 常豆豆 姜波任 朱姻莹 蒋笑寒

　　　 周 敏 董 妮 杜丽叶

出版委员会

主 任: 李 文

副主任: 马 嘉 史 妍 刘玉一

委 员: 周 旭 代冬梅 齐 迹 赵 倩 宋 菲 任立新

　　　 郭丹丹 赵晓娜 辛晨伊 程梦雨 王 鹤 胡 慧

　　　 李 瑶 王 莹 张 芳 尚学敏 宋 娟 吴 敏

　　　 邵建楠 叶梦佳 赵玉花 王垂泽 王悦婧

鸣谢

中国文物学会文化遗产传播专业委员会

中国远洋海运集团有限公司

前 言

地球表面约 70% 的面积是海洋。海洋是生命的摇篮，是人类拓展生存空间、加强相互交往的重要途径。中华民族对海洋的探索可谓源远流长，中国古代造船业的发展脉络更是绵延了数千年悠悠岁月，承载着无数的智慧与传奇。

时光荏苒，让我们回到距今约 8000 年的远古时代。那时，长江下游那片广袤且钟灵毓秀的土地，孕育了独树一帜的跨湖桥文化。就在这片充满神秘色彩的文化遗址之中，有一项重大发现震惊了世人——一艘保存完整的独木舟！它是迄今为止人类历史上发现的早期航海见证者之一，无声地诉说着那个遥远时代人们对江河湖海的好奇与探索。

自秦汉时期起，中国古代造船业便踏上了蓬勃发展的征程，历经隋唐、宋元这两个波澜壮阔的发展阶段，造船技术不断精进。直至明朝，中国古代造船业迎来了它的辉煌巅峰，一套严谨规范且行之有效的造船管理体系已然形成。与之相伴的，是造船技术与造船工艺实现了质的飞跃，达到了当时世界前所未有的高度。郑和就曾率领规模宏大的船队，浩浩荡荡地完成了七下西洋的壮举，在我国古代航海史上留下了浓墨重彩的一笔。

为纪念郑和下西洋的壮举，经国务院批准，交通运输部与上海市人民政府筹建了我国第一家国家级航海博物馆——上海中国航海博物馆，旨在弘扬中华民族灿烂的航海文明和优良传统，建构国内、国际航海交流平台，为上海国际航运中心营造良好的文化氛围，同时，培养广大青少年对航海事业的热爱。在这里，我们不仅可以寻访我国悠久的航海文明，还可以体验从古至今航海科技的进步，一起开启中华民族向海而兴、向海图强的历史篇章。

2025 年，是郑和下西洋 620 周年。上海中国航海博物馆和童趣出版有限公司携手，在中国远洋海运集团有限公司的支持下，联合推出了这套"海上丝路的千年'船'说：航海历史文化儿童百科绘本"。本套绘本共包含 4 个分册，分别从船只营造、册封出使、航海技术和历史交往 4 个方面，讲述了中华文明历史长河中航海事业的波澜壮阔。那是中华民族在陆上丝绸之路之后，大规模经由海洋向世界伸出的友好臂膀；那是万里海路见证的中国人的意志、智慧，以及领先世界的航海科技；那是不屈不挠的航海精神和磅礴汇聚的航海力量。那一叶叶帆影，将为小读者们开启一扇扇探索航海的窗口。

衷心感谢参与创作的文字撰写者和插画师，是他们妙笔生花，让古老的航海故事重焕生机，等待着小读者们用眼睛去旅行，用心去感受。

愿每个翻开这套绘本的孩子，都能化身小小航海家，从中找到属于自己的奇迹与快乐，并汲取前行的力量，在人生的航道上乘风破浪、扬帆远航！

上海中国航海博物馆

万事俱备，只欠"东风"

明嘉靖十三年（1534年），海风吹拂，明朝的册封舟和琉球国派来领航的进贡船正静静地停泊在港湾，帆索收束紧固，等待着扬帆起航。奉命出使琉球国的明朝册封正使陈侃正身姿挺拔地伫立在岸边。

"大人，您在看什么呢？"副使高澄说着走了过来，身后还跟着火长（类似现在的船长）向英。

"观风。"陈侃抬头看了看天空，说，"如今时节已至仲夏，可连续几日都是北风，现在南风就快来了，我们终于可以起航了！"

航海小知识
等风来，观风行

随季节而改变方向的风就是季风。季风在我国古代称"信风"，也叫"风信"。在我国东部地区，夏季盛行偏南风，冬季盛行偏北风。大约在秦汉时代，人们就开始利用季风来航行了。从福州到琉球国那霸港的方向大体上是从西南到东北，乘着偏南风而行更有利于远航。

终于等到这天了。

航海神器"指南针"

"你们说，在这茫茫大海中，如何保证船只的航行方向准确无误呢？"陈侃继续说道。

"二位大人，这就不得不提我们的航海罗盘了，也可以直接叫它指南针。"说着，向英邀请陈侃和高澄一起登船，来到了船尾的司针密室。

"二位大人请看，这就是航海罗盘。中间指针的两端始终指向南北；外面这圈文字表示的是针位，代表 24 个不同的方位，一般用午位代表南方，子位代表北方。通过航海罗盘和针路图，也就是航海图的配合，我们就能确定正确的航行方向了。"向英说完，又带着大家来到甲板上，继续向他们介绍着航海罗盘的妙用。

我们先用指针找到北方和南方，并让指针与航海罗盘上的子午线重合，然后旋转航海罗盘，让所需针位对准船头，紧接着调整船头方向，当指针与子午线再次重合后，船就可以向前行驶了。

磁针静止时，所指的南极并不是地理的南极，而是地磁的南极，而地磁的南极与地理的南极存在一定的偏差，这就是磁偏角。

航海小知识
指南针还是指北针？

　　据传在战国时期，人们就制作出了指南针的前身——司南，且司南的勺柄始终指向南方，所以指南针最早的名称便与"南"绑定。后来，指南针与方位盘结合，逐步发展出水罗盘、旱罗盘等多种形式，但"指南"一词已约定俗成，且我国古代常以"南"为尊，所以"指南针"的叫法就流传了下来。但在现代很多领域中，指南针上的指针却指向北方，因此也会被叫作"指北针"，所以，我们到底该叫它指南针还是指北针呢？

西礁

用乙辰针平西礁处过，用丙巳针取东山，东山用丹巳针二更船平北山

东山

航海的针路图

　　了解完航海神器，正好可以看看此行的针路图。于是，陈侃带着高澄、向英，一起商量起去往那霸港的针路图来。

　　什么是针路图呢？简单来说，它就是记录不同地点之间的航向、航程等信息的航海图。针路图中用"针"表示航行的方向，和航海罗盘上的方位对应；用"更"表示需要航行的时间，一更约为 2.4 小时。

　　此时，只见向英打开针路图，指着上面的"针路"说："我们要先往丹（单）乙针方向行驶三更。"

石港

北山

北山用丁午针二更船取二牛山

过二牛山用丹乙针二更船收石港

二牛山

航海小知识
你会看针路吗？

　　在针路图中，还藏着许多小奥秘。针路中的"取"就是船往哪里开；"收"就是到达；"平"表示与某地理标志平行而过。"更"除了表示计时单位外，在计算航程时，也可以表示计程单位，此时每更约60里（约34千米）。请你试着解读一下图中的针路吧。

注：由于历史资料缺失，本图仅为示意图。

观云识天气

确定好路线的第二天，南风来了，册封舟船队终于扬帆起航了！

"火长，我们这一路可真是顺风顺水呀！"陈侃站在船头，语气轻快地说。可向英却注意到远处有一大片乌云正在靠近，摇头道："大人，海上风云转瞬即变。您看那边的云，颜色暗沉，可能会下雨。"

果不其然，没过多久，天上就渐渐沥沥下起了雨。不过，好在这雨并不大，而且来得快，去得也快，不一会儿天空便又放了晴。

观云也是一门学问！

12

火烧云

傍晚火烧云，明天晒死人。

白头雨

乌头风，白头雨。

钩钩云

钩钩云，雨淋淋。

鱼鳞天

天现鱼鳞天，不雨也风颠。

航海小知识

　　在没有现代天气预报设备的古代，有经验的水手会根据天空中云的形状、数量、颜色、高低起伏等，推测出天气的变化。如北宋的《梦溪笔谈》中就有记载，一般夏天比较暴烈的风必发生在午后，计划行船的人可以在凌晨起来观察四周，如果天上星月明亮，且从天际直到地面都没有云气，就可以出行。行到中午前停下来，就不会遇到暴风了。

　　除了海上行船，我国古代民间在观察天气方面也流传着许许多多有趣的谚语。

神奇的逆风调戗（qiāng）术

雨虽然停了，但风向变了，原本顺风顺水的航程，一下子变成了逆风而行。"火长，现在怎么办？"陈侃问道。

向英沉稳地说："大人，逆风也可以行船。这船帆如同雄鹰展翅，虽然逆风扑面，但只要让船帆与风形成合适的夹角，便能借得三分前进的力量。"

说话间，水手们已经迅速行动起来。随着他们的不断拉扯，船帆发生了旋转，并逐渐与吹来的风形成了一定的夹角，船只的受阻面变小了，前行自然就容易了。

航海小知识
什么是逆风调戗术？

中国帆船能"船驶八面风"的一个重要原因就是神奇的逆风调戗术！这种技术简单来说，就是当船只遇到顶头逆风时，通过不断改变船帆与风向的夹角，同时调整航向，让船只走"之"字形，就可以把顶头逆风变成侧斜风，继续前行了。而这种调整船头方向的过程就被称为"调戗"。

风向

为了防止舵在航行中丢失，并确保舵的横向稳定性，人们会用勒肚绳将舵绑起来。

如果舵杆只有一边有舵叶，就叫不平衡舵。木船时代，海船多采用不平衡舵。

不平衡舵

—— 1.6 米 ——

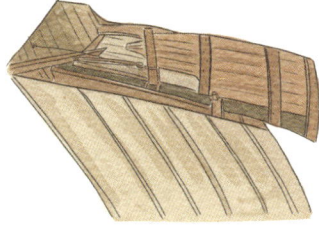

平衡舵

如果舵杆两边都有舵叶，就叫平衡舵。木船时代，内河船多采用平衡舵。

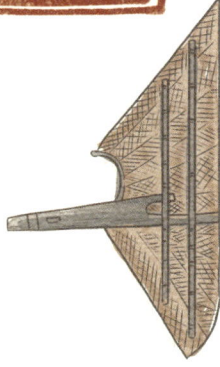

升降舵

升降舵可以根据水深调整舵的高低。当船行驶到深水区时，将舵降下去，提升舵的使用效率；当船行驶到浅水区时，将舵升起来，避免舵叶被水下硬物碰坏。

开孔舵

开孔舵的舵叶上有许多孔，这样水流就能从这些孔中流过去，舵工转舵时也就变得更加省力。

见风使舵

不过，要想在逆风中平稳向前，仅仅改变船帆的方向还是不够的，还要与一个非常重要的转向工具紧密配合，才能改变船的行驶方向，这个工具就是"舵"。

所以调整完船帆后，水手们会立刻调整舵的方向，每行驶一段路程就调整一次船帆和舵，让船只采用一种"之"字形的路线在逆风中不断向前。

陈侃目睹此景，不禁脱口赞叹道："这可真是见风使舵啊！"

航海小知识

舵就像汽车的方向盘，主要用来操纵和控制船的航向，因此，千万不要小看舵，它在造船和航海技术领域那可是立下了汗马功劳，堪称改变航海游戏规则的"超级神器"。出土文物显示，我国早在汉朝时就已经有了舵。后来，舵的式样不断改进，出现了平衡舵、升降舵、开孔舵，能够适应更多深浅不一的航道。

行驶到哪里了？

　　船队又在海上行驶了几日。这天，陈侃望着一望无垠的海水，不禁问道："火长，我们出发了这么久，行驶到哪里了？"

　　"大人，您回头看我们刚刚经过的那片海水，它的颜色是不是很深？去往琉球国的路上有一句谚语，'去由沧水入黑水，归由黑水入沧水。'这说明我们已经到达琉球国附近的海域了。"向英高兴地说，"您能给我放个假吗？我刚刚看到有一群墨鱼游过，墨鱼鲜嫩可口，一会儿我捕上来给大家做一道特色菜尝尝！"

　　陈侃听完哈哈大笑道："准了！准了！"

航海小知识

　　要在茫茫大海中准确定位，离不开那些经验老到的水手。他们通过观察岛屿的形状、海水的颜色、鱼群的种类及其游动方向、海水的深浅，甚至水底泥沙的质地与色泽等各种细节，判断船只所处的位置，及时校准航线。

观星

　　不久，夜幕降临，陈侃独自一人站在船头仰望着满天星斗。"大人，您在想什么？"高澄的声音从身后传来，打破了宁静。

　　陈侃微微一笑："我在想，在这航海罗盘尚未广泛使用之时，古人是如何凭借着观星之术找到前行的方向的。"

　　高澄顺着陈侃的目光望向星空："听闻古人航海，近岸靠山形水势辨别船位，远洋则靠观察星象的变化来判断方位和航线，实在令人钦佩。"

寻找北极星

北极星能帮我们找到"北"。在北半球的星空中，只要把北斗七星斗状前部的两颗恒星（天枢、天璇）相连，并向外延长5倍，就可以看到一颗异常明亮的星星，这就是北极星啦！

航海小知识
古人航海的观星秘术

在我国古代，人们很早就发现了天文星相的秘密，如牛郎星、织女星、北斗七星等，并详细记录了在不同季节、不同地点观测到它们的时间和方位。同样，月亮的阴晴圆缺则可以帮助人们判断当下的时间。这类通过观察日月星辰来判断时间和方位的方法就是观星法。

21

过洋牵星术

　　"我听说《郑和航海图》中有 4 幅过洋牵星图，据传，人们可以用一种叫过洋牵星术的方法来测定船只在大海中所处的位置。"陈侃说道。

　　高澄面露微笑，令人拿来 12 块正方形的木板，说："这便是使用过洋牵星术时会用到的牵星板。您可先伸直手臂，举起牵星板，另一只手牵着上面的绳子直到眼前。然后，让这块牵星板的上缘对准目标星辰，下缘对齐水天线，此时用的是几指的牵星板，就表示此星辰的水平高度为几指。"

　　"我明白了，那这样就可以根据前人在过洋牵星图上标记的星辰高度，来判断行驶的路线是否正确了！"陈侃说着便举起一块牵星板试验起来。

　　"是的。不过，使用这种方法时，一般会选在日出前或日落后的一小段时间内，因为这两个时段，星辰和水天线都清晰可见。"高澄回应道。

星辰

水天线

观测时，左手持板，右手牵紧绳子，牵星板上缘对准目标星辰，下缘对准水天线，此时，牵星板的指数就代表该星辰的高度。

过洋牵星图

过洋牵星图为长方形框图，同时在四周绘制出所牵的星辰，并标注出其名字和指数，通过对比，就可以得出目前船只所在的大致位置了。

牵星板

牵星板由12块正方形乌木组成，最大的一块边长约24厘米，最小的一块边长约2厘米。每块板上都标有指数，从大到小依次从12指递减到1指。

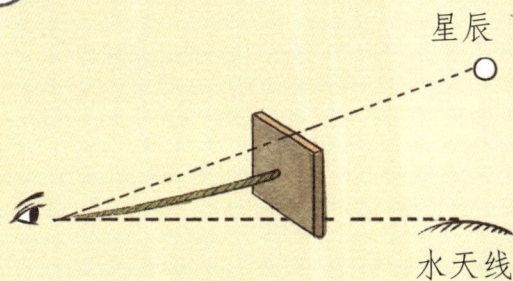

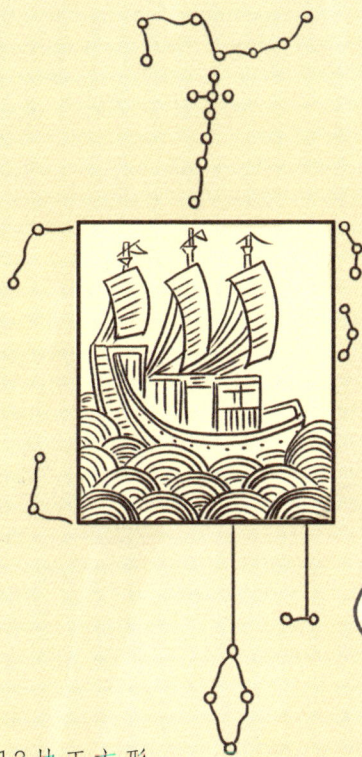

喂！你能"听"到我吗？

第二日清晨，陈侃正在记录昨日观星所感时，高澄走进舱来："大人，您看外面，长史舟上挂出了请求停航的旗子。我刚才听有人来报，说可能是琉球国派船来了。"

"好哇，那我们一起前去看看。"陈侃一边说着，一边向舱外走去，"说起这旗子，可真是解决了两船联络的问题！既可以用不同式样的旗子或不同的挥旗方式来传递信息，也可以用烟火、灯光或锣鼓声来发送信号，真是妙哉！"

用旗语传递信号，这样就能"听见"彼此了！

有趣的国际信号旗

字母旗

字母旗共 26 面，其中，A、B 两面旗为燕尾形，其余 24 面旗均为长方形。

数字旗

数字旗每面表示一个数字(0~9)，共 10 面。数字旗均为梯形。

回答旗

回答旗共 1 面，形状也为梯形，既能表示"回答"及"通信结束"，也能表示数字中的小数点。

代旗

代旗共 3 面，形状均为三角形。它的作用是用来代替同一组旗号中的同类旗，如同类字母旗或同类数字旗。

"防病神器" 来啦！

两艘船靠近后，陈侃得知，原来是琉球世子派人携带物资前来慰问，于是赶紧下令，让他们登上船来。

"大人，我们世子最近国事繁忙，脱不开身，所以特意派我先行而来，给诸位贵客送上美酒佳肴。"琉球官员说道。

陈侃等人高兴极了。不一会儿，只见甲板上就已经摆放起成堆的物资，全都是新鲜的瓜果蔬菜和牛肉、羊肉，甚至还有美酒。

这些远道而来的馈赠可太珍贵了。在海上漂泊，新鲜的蔬果必不可少，它们富含维生素，是抵御疾病的"秘密武器"。

航海小知识

在人类航海历史上，航海过程中的疾病是对船员生命安全最大的威胁之一。比如在哥伦布发现新大陆的过程中，就有不少船员因患坏血病而丧命。这种疾病多因缺乏维生素C所致。但在郑和下西洋期间，并没有爆发坏血病，其中原因之一就是，郑和船队不仅携带了耐储存的蔬果，还携带了可用于生豆芽的黄豆、绿豆等，此外，他们还会沿途补充各类必要的物资，避免了船队中的船员因缺乏维生素C而患坏血病。

如此大"猫"

    有了充足的补给，册封舟船队继续向着目的地行驶。可就在第二天，海上风浪四起，在海浪的作用下，船身也随之开始摇晃。

    向英立刻下令："大家不必惊慌，稳住船身，准备下锚！"随着命令的下达，船员们迅速行动了起来。沉重的铁锚破开水面，直坠海底。随着轰隆隆一声闷响，船身晃动的幅度开始慢慢变小，众人这才都长舒了一口气。

航海小知识

    早期的古籍中，锚写作"猫"，直到后来才出现"锚"字。别看它形似猫爪，却是航行中稳定船身的重要工具！刚开始，人们用碇（dìng）来使船只停泊，后来碇逐渐发展为锚，成了守护船只安全的"定海神针"。今天，我们形容车辆中途发生故障时的"抛锚"一词，就是源自这里。

好大的锚啊！

确实和猫爪很像！

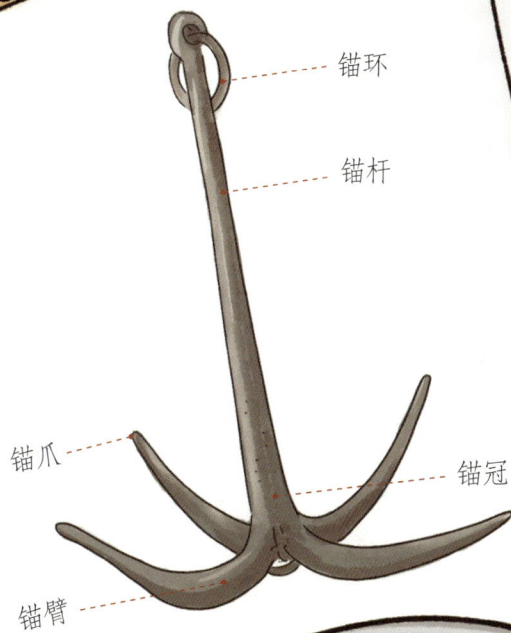

锚环

锚杆

锚爪

锚冠

锚臂

锤锚图

这里的水有多深？

　　船身虽不再摇晃，但风浪迟迟不停。在向英的建议下，陈侃下令将船驶向附近的一座小岛，到那里的港湾里避一避。

　　于是，向英拿出一根绑着测深锤的绳子，船队每前进一段距离，他便将绳子缓缓地放入水中测量一番，并记下当时的水深。

　　经过连续几次测量，向英高兴地对陈侃说："大人，此处水深合适，泥沙的软硬程度也合适，可以靠岸抛锚！"

航海小知识
专门的测深工具——测深锤

　　行船时，为了测定海水的深度，避免船只搁浅，人们专门发明了一种工具——测深锤。使用时，船员将系有绳子的测深锤投入海底，根据绳子的入水长度就可以得知水的深度。古代的深度单位是"托"，成人张开双臂的长度即为1托。此外，测深锤还可以协助船员辨别船只所处的位置。比如在锤底涂上蜡油或牛油粘取海底的泥沙，通过其质地来探知海底状况，判断航行方位。

成人张开双臂的长度即为1托，约1.6米。

测航速，知航距

　　就这样，他们一连停泊了数日，直到风浪彻底平息后，才又重新扬帆起航。

　　再次起航后，陈侃想记录下这座岛距离此行目的地的航行距离，以供后人参考。但要测量航距，就要先测航速。于是，向英取来测速用的木片，把木片从船头丢进海里，并命一人快行至船尾。与此同时，向英让香公燃香计时。

　　过了一小会儿，木片漂到了船尾处，而那人也刚好到达船尾。

　　"大人，合更了！这说明此时航速恰为每更60里，如果保持航速，等我们到港时，就可以根据燃香所用的时间，估算出这段航距了。"向英说完，陈侃微笑着点了点头。

航海小知识

古代航海中，常常采用丢木片的方式测量航速。测量时，人从船头丢下木片，同时以一定速度快行至船尾，如果人与木片同时到达，则称"合更"，说明此时航速约为每更60里；如果人比木片先到，则称"不过更"或"不及更"，说明此时航速每更不到60里；如果人比木片晚到，则称"过更"，说明此时航速每更超过60里。大致确定好船的速度，再乘以燃香所用的时间，就可以计算出船走了多远了。

靠港啦，准备上岸！

　　"陈大人，高大人，火长，前方就是那霸港，我们终于到达目的地啦！"这天，负责瞭望的水手突然激动地喊了起来。

　　陈侃和高澄相视一笑，齐齐望向向英，向英默契地点了下头，随后高声下令："全员戒备，准备靠港，先测深、探底！"

　　伴随着测深工作的结束，向英坚定而有力地冲着前方奋力高呼："抛——锚——"

　　就这样，在茫茫大海上漂泊了许多日后，陈侃一行人终于抵达那霸港，开启了一段全新的旅程。

帆影千年，从陆地走向海洋

中国古人从陆地走向海洋的过程，是一部突破地理藩篱，探索未知世界的文明史诗。从远古先民早期的渡水工具，到数千年前的独木舟，再到后来对世界造船业都产生深远影响的造船技术和各类知名船型，无不彰显着中华民族的智慧与勇气。

筏
将单个浮具集为一体就成了筏。将许多竹子绑在一起就是竹筏，将许多浮囊编扎在一起就是皮筏，比如羊皮筏子。

葫芦
因为很久以前，人们就采用把葫芦拴在腰间的方式过河，所以这种渡河工具也被称为"腰舟"。

浮囊
也称皮囊、浑脱，就是往牲畜的皮革里吹气，然后做成可以渡河的浮具。

广船
我国古代四大船型之一，产于广东，是广东各地大型船只的总称。广船的帆像张开的折扇，舵叶上还有许多菱形的孔。

鸟船
鸟船是浙江沿海的代表船型，也是我国古代四大船型之一。它的特点是头小身肥，因船首酷似鸟嘴而得名。

福船
我国古代四大船型之一，是福建、浙江沿海一带尖底海船的统称。它的特点就是底尖上阔，同时采用水密隔舱技术，适于远洋航行。

独木舟

人们将一段树木挖空，制成了船的雏形——独木舟。

木板船

为了提升独木舟的性能，人们将独木舟的两侧加宽、加高，使其逐渐演变成平底、尖底或圆底的木板船。

楼船

楼船是汉代最著名的战船之一，它的主要特征就是拥有多层上层建筑，看上去气势非凡，因此常常被用作水师的指挥舰。

沙船

我国古代四大船型之一。方头、方尾、平底、吃水浅，适于在水浅、沙滩多的航道上航行。

斗舰

楼船虽然船体巨大，但活动起来并不便利。于是，东汉时期，出现了一种新型战舰——斗舰。

八槽舰

东晋时期出现的八槽舰，是水密隔舱技术应用的始祖。它的船体被分隔成8个船舱，即使其中一个船舱漏水，船只也不会沉没。

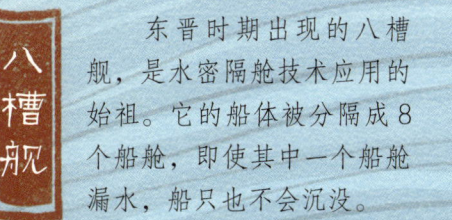